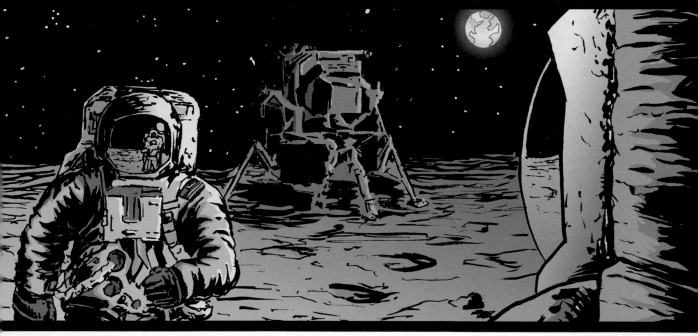

HISTORIA:

ELIZABETH HUDSON-GOFF Y DALE ANDERSON

ILUSTRACIONES:

GUUS FLOOR, ALEX CAMPBELL, Y ANTHONY SPAY

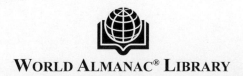

WORLD ALMANAC® LIBRARY

10:56 P.M., 20 DE JULIO DE 1969

ES UN PEQUEÑO PASO PARA EL HOMBRE, UN GRAN SALTO PARA LA HUMANIDAD.

EL ASTRONAUTA NEIL ARMSTRONG DIJO ESTAS EMOCIONANTES PALABRAS CUANDO DIO EL PRIMER PASO EN LA LUNA. A MÁS DE 383,000 KILÓMETROS (238,000 MILLAS) DE DISTANCIA, MILLONES DE PERSONAS LO VIERON. MUCHOS APENAS PODÍAN CREER LO QUE VEÍAN EN SU PANTALLA DE TV: ¡UN HOMBRE CAMINANDO EN LA LUNA!

LA MISIÓN A LA LUNA DEL APOLO 11 MARCÓ EL INICIO DE UN CAPÍTULO NUEVO EN LA EXPLORACIÓN ESPACIAL.

LOS SERES HUMANOS SIEMPRE SE HAN HECHO PREGUNTAS SOBRE LA LUNA. ¿DE QUÉ ES? ¿HAY VIDA EN LA LUNA?

A PRINCIPIOS DE LOS AÑOS 1900, LOS CIENTÍFICOS EMPEZARON TRABAJOS CON COHETES PARA LLEVAR PERSONAS AL ESPACIO. PARA FINALES DE LOS AÑOS 1950, ESTADOS UNIDOS Y LA UNIÓN SOVIÉTICA ERAN RIVALES EN LA CARRERA PARA CONQUISTAR EL ESPACIO. ¡TIEMPOS EMOCIONANTES SE ACERCABAN!

DURANTE MUCHOS AÑOS, ESTADOS UNIDOS Y LA UNIÓN SOVIÉTICA LUCHARON POR EL PODER. AMBAS POTENCIAS QUERÍAN DIRIGIR EL MUNDO EN CIENCIA Y TECNOLOGÍA. AMBAS QUERÍAN SER LA PRIMERA EN LLEVAR AL HOMBRE A LA LUNA.

EN OCTUBRE DE 1957, LA UNIÓN SOVIÉTICA ASOMBRÓ AL MUNDO CUANDO LANZÓ EL SPUTNIK, EL PRIMER SATÉLITE ARTIFICIAL QUE ORBITÓ LA TIERRA.

UN MES DESPUÉS, LA UNIÓN SOVIÉTICA ENVIÓ UNA PERRA AL ESPACIO EN EL SPUTNIK 2. EL VIAJE COMPROBÓ QUE UN SER VIVO PODÍA SOBREVIVIR EN UN VIAJE AL ESPACIO.

YURI GAGARIN, DE LA UNIÓN SOVIÉTICA, FUE EL PRIMER SER HUMANO EN VIAJAR POR EL ESPACIO. EL 12 DE ABRIL DE 1961, COMPLETÓ UNA ÓRBITA ALREDEDOR DE LA TIERRA.

PERO ESTADOS UNIDOS LA ESTABA ALCANZANDO. EL 5 DE MAYO DE 1961, ALAN SHEPARD SE CONVIRTIÓ EN EL PRIMER ESTADOUNIDENSE EN EL ESPACIO.

EN 1962, JOHN GLENN SE CONVIRTIÓ EN EL PRIMER ESTADOUNIDENSE EN ORBITAR LA TIERRA. LA VISTA DE LA TIERRA Y EL OCÉANO LLENABAN SU VENTANA. CUANDO RODEABA EL PLANETA, VIO 4 PUESTAS DE SOL.

CUANDO GLENN REGRESÓ, SE OFRECIÓ UN GRAN DESFILE EN SU HONOR EN NUEVA YORK. ALREDEDOR DE 4 MILLONES DE PERSONAS ACUDIERON CON GRITOS DE ALEGRÍA Y CONFETI. CON EL VIAJE DE GLENN, ¡ESTADOS UNIDOS HABÍA DADO UN GRAN PASO PARA LLEGAR A LA LUNA!

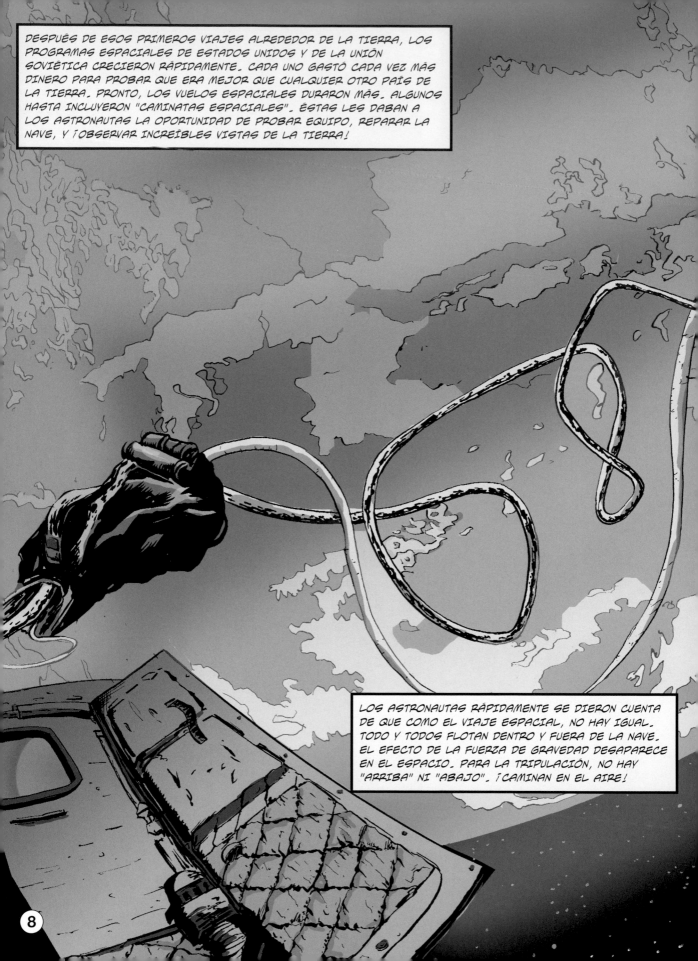

DESPUÉS DE ESOS PRIMEROS VIAJES ALREDEDOR DE LA TIERRA, LOS PROGRAMAS ESPACIALES DE ESTADOS UNIDOS Y DE LA UNIÓN SOVIÉTICA CRECIERON RÁPIDAMENTE. CADA UNO GASTÓ CADA VEZ MÁS DINERO PARA PROBAR QUE ERA MEJOR QUE CUALQUIER OTRO PAÍS DE LA TIERRA. PRONTO, LOS VUELOS ESPACIALES DURARON MÁS. ALGUNOS HASTA INCLUYERON "CAMINATAS ESPACIALES". ÉSTAS LES DABAN A LOS ASTRONAUTAS LA OPORTUNIDAD DE PROBAR EQUIPO, REPARAR LA NAVE, Y ¡OBSERVAR INCREÍBLES VISTAS DE LA TIERRA!

LOS ASTRONAUTAS RÁPIDAMENTE SE DIERON CUENTA DE QUE COMO EL VIAJE ESPACIAL, NO HAY IGUAL. TODO Y TODOS FLOTAN DENTRO Y FUERA DE LA NAVE. EL EFECTO DE LA FUERZA DE GRAVEDAD DESAPARECE EN EL ESPACIO. PARA LA TRIPULACIÓN, NO HAY "ARRIBA" NI "ABAJO". ¡CAMINAN EN EL AIRE!

¡AHORA ESTOY DE CABEZA PERO VEO HACIA ABAJO!

PERO ESTAR EN EL ESPACIO HACE MÁS DIFÍCILES LOS QUEHACERES. TODO LO QUE LOS ASTRONAUTAS USAN TIENE QUE ESTAR ATADO. LA TRIPULACIÓN TIENE QUE DORMIR EN BOLSAS DE DORMIR ATADAS. DE LO CONTRARIO, FLOTARÍA.

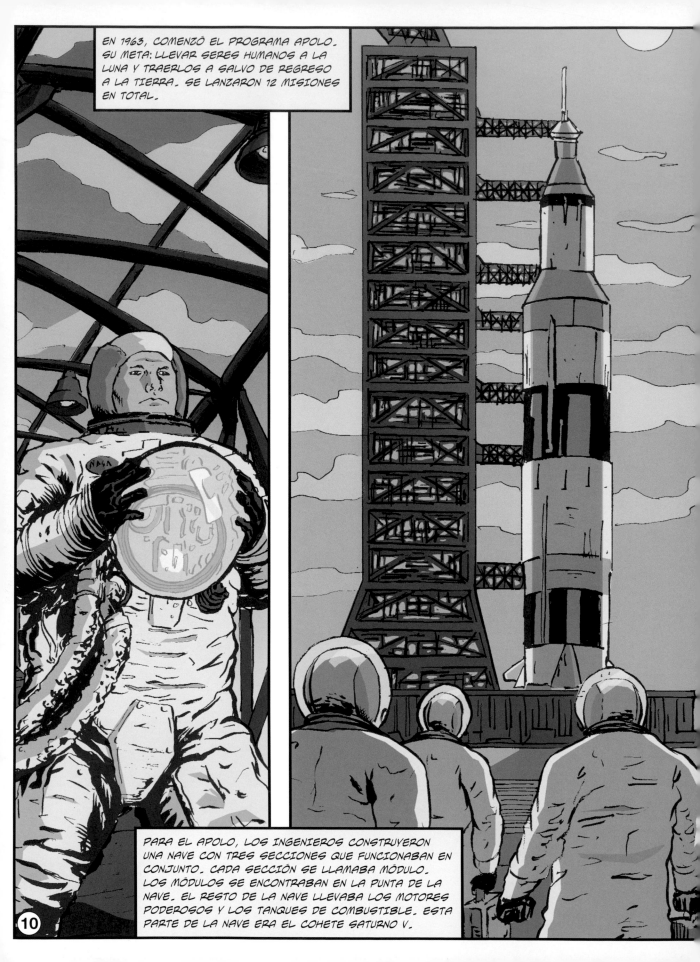

EN 1963, COMENZÓ EL PROGRAMA APOLO. SU META: LLEVAR SERES HUMANOS A LA LUNA Y TRAERLOS A SALVO DE REGRESO A LA TIERRA. SE LANZARON 12 MISIONES EN TOTAL.

PARA EL APOLO, LOS INGENIEROS CONSTRUYERON UNA NAVE CON TRES SECCIONES QUE FUNCIONABAN EN CONJUNTO. CADA SECCIÓN SE LLAMABA MÓDULO. LOS MÓDULOS SE ENCONTRABAN EN LA PUNTA DE LA NAVE. EL RESTO DE LA NAVE LLEVABA LOS MOTORES PODEROSOS Y LOS TANQUES DE COMBUSTIBLE. ESTA PARTE DE LA NAVE ERA EL COHETE SATURNO V.

MÓDULO DE COMANDO

MÓDULO DE SERVICIO

¡SATURNO V TENÍA LA ALTURA DE UN EDIFICIO DE 36 PISOS, Y PESABA 2.6 MILLONES DE KILOGRAMOS (5.8 MILLONES DE LIBRAS)! TENÍA QUE SER PODEROSO. TENÍA QUE ELEVAR LA NAVE APOLO DE LA PLATAFORMA DE LANZAMIENTO.

MÓDULO LUNAR

LAS MISIONES ESPACIALES ERAN UN ESFUERZO DE EQUIPO. LOS ASTRONAUTAS A BORDO TENÍAN TRABAJOS DIFERENTES. MUCHOS CIENTÍFICOS, INGENIEROS, DOCTORES Y EXPERTOS EN VUELOS TRABAJABAN EN LA TIERRA.

COMPUTADORAS ENVIABAN LA INFORMACIÓN HACIA Y DESDE EL ESPACIO. LAS COMPUTADORAS ERAN ALGO MUY NUEVO. NO ERAN TAN PODEROSAS COMO LAS DE HOY EN DÍA. PERO SIN ELLAS, EL PROGRAMA APOLO NO HUBIERA SIDO POSIBLE.

HUBO 10 VUELOS DE PRUEBA ANTES DE LA PRIMERA CAMINATA LUNAR. INCLUSO EL MÓDULO LUNAR HIZO ATERRIZAJES DE PRUEBA EN LA TIERRA. ESTAS PRUEBAS AYUDARON A LOS CIENTÍFICOS Y LOS INGENIEROS A HACER EL LANZAMIENTO A LA LUNA LO MÁS SEGURO POSIBLE.

LA MAÑANA DEL 16 DE JULIO DE 1969, TRES HOMBRES SE PREPARABAN PARA EL VIAJE DE SU VIDA. ¡NEIL ARMSTRONG, BUZZ ALDRIN Y MICHAEL COLLINS IBAN A LA LUNA!

5

4

3

2

1

IGNITION!

LOS ASTRONAUTAS SE SUJETABAN CON TODA SU FUERZA. SU CORAZÓN LATÍA FUERTEMENTE. ¡TODA SU VIDA HABÍAN ESPERADO ESTE MOMENTO!

MÁS DE UN MILLÓN DE PERSONAS VIERON EL LANZAMIENTO DESDE LAS PLAYAS CERCANAS DE FLORIDA. CIENTOS DE MILLONES MIRABAN POR TELEVISIÓN CUANDO EL SATURNO V EMPEZÓ A RUGIR.

¡DESPEGUE!

EN UNA ENORME NUBE DE HUMO Y FUEGO, EL APOLO 11 DESPEGÓ HACIA EL ESPACIO. DESTINO: ¡LA LUNA!

CUANDO COMENZÓ EL DESPEGUE, LOS ASTRONAUTAS MIRABAN HACIA EL CIELO. LOS PRIMEROS 15 SEGUNDOS LES DIERON MIEDO Y FUERON DUROS. LOS ASTRONAUTAS SENTÍAN QUE TODO TEMBLABA SIN CESAR. LUEGO, EL CIELO SE VOLVIÓ OSCURO.

ARRIBA, ARRIBA, ARRIBA... ¡LA VELOCIDAD ERA ASOMBROSA!

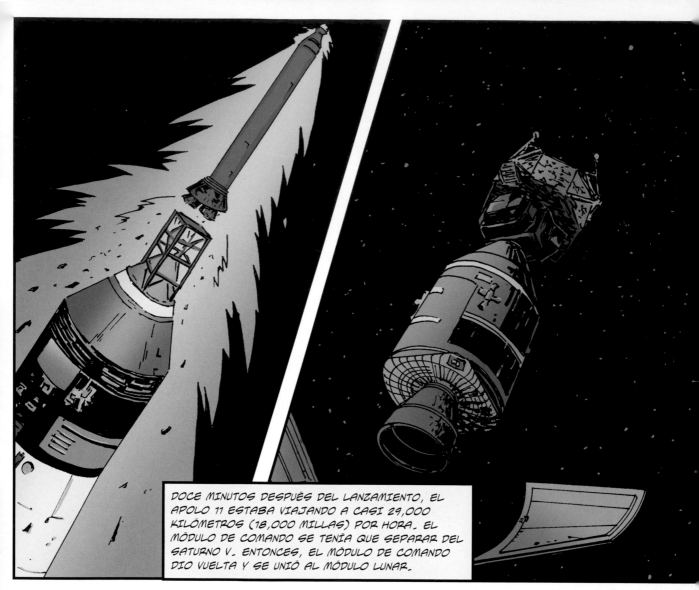

DOCE MINUTOS DESPUÉS DEL LANZAMIENTO, EL APOLO 11 ESTABA VIAJANDO A CASI 29,000 KILÓMETROS (18,000 MILLAS) POR HORA. EL MÓDULO DE COMANDO SE TENÍA QUE SEPARAR DEL SATURNO V. ENTONCES, EL MÓDULO DE COMANDO DIO VUELTA Y SE UNIÓ AL MÓDULO LUNAR.

LOS ASTRONAUTAS COMIERON ALIMENTOS CONGELADOS EN SECO, SÁNDWICHES Y BEBIDAS. SI UNA BEBIDA SE DERRAMABA, SE EXTENDÍA EN GRANDES BURBUJAS EN EL AIRE. NO PODÍAN DUCHARSE, Y SUS "RETRETES" ERAN BOLSAS DE PLÁSTICO ESPECIALES. INCLUSO AL ESTORNUDAR LA SALIVA SE ELEVABA EN EL AIRE EN PEQUEÑAS BURBUJAS. EN SU AMBIENTE SIN GRAVEDAD, LOS TRES HOMBRES HABRÁN TENIDO MOMENTOS MUY DIVERTIDOS EN SU CAMINO A LA LUNA.

DESPUÉS DE 3 DÍAS EN EL ESPACIO, EL APOLO 11
COMENZÓ A ORBITAR LA LUNA. EL MÓDULO LUNAR,
LLAMADO EL ÁGUILA, TUVO QUE SEPARARSE DEL
MÓDULO DE COMANDO. ENTONCES LOS ASTRONAUTAS
PUDIERON INICIAR SU DESCENSO A LA LUNA.
COLLINS PERMANECIÓ EN EL MÓDULO DE COMANDO.
ÈSTA SERÍA LA ÚNICA PARTE QUE REGRESARÍA A
LA TIERRA. MIENTRAS QUE LA NAVE ORBITABA,
COLLINS TOMÓ FOTOGRAFÍAS DE LA LUNA.

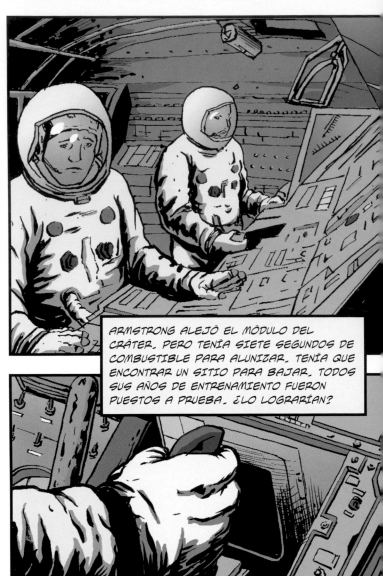

CUANDO ALDRIN Y ARMSTRONG SE PREPARABAN PARA ALUNIZAR, VIERON PELIGRO ABAJO. EL ÁGUILA ESTABA CERCA DE LA SUPERFICIE ¡Y EN CAMINO A UN CRÁTER LLENO DE PIEDRAS!

ARMSTRONG ALEJÓ EL MÓDULO DEL CRÁTER. PERO TENÍA SIETE SEGUNDOS DE COMBUSTIBLE PARA ALUNIZAR. TENÍA QUE ENCONTRAR UN SITIO PARA BAJAR. TODOS SUS AÑOS DE ENTRENAMIENTO FUERON PUESTOS A PRUEBA. ¿LO LOGRARÍAN?

¡ALUNIZAJE!

EL ÁGUILA HA ALUNIZADO.

TIENEN A MUCHOS MUCHACHOS A PUNTO DE PONERSE AZULES. YA VOLVEMOS A RESPIRAR.

LENTAMENTE, NEIL ARMSTRONG BAJÓ POR LA ESCALERA DEL MÓDULO LUNAR Y PISÓ LA SUPERFICIE LUNAR. PODÍA VER LA ESFERA AZUL-VERDOSA DE LA TIERRA SOBRE ÉL. NO PODÍA OÍR LOS GRITOS DE ALEGRÍA QUE SALÍAN DE AHÍ.

POCO DESPUÉS, BUZZ ALDRIN SE UNIÓ A ARMSTRONG. LOS 2 HOMBRES PASARON UN TOTAL DE 21 HORAS EN LA LUNA. HICIERON EXPERIMENTOS Y TOMARON FOTOS. RECOLECTARON 21 KILOGRAMOS (46 LIBRAS) DE PIEDRAS LUNARES.

COLOCARON UNA BANDERA DE ESTADOS UNIDOS Y UNA PLACA.

HERE MEN FROM THE PLANET EARTH FIRST SET FOOT UPON THE MOON JULY 1969, A.D. WE CAME IN PEACE FOR ALL MANKIND

Richard Nixon

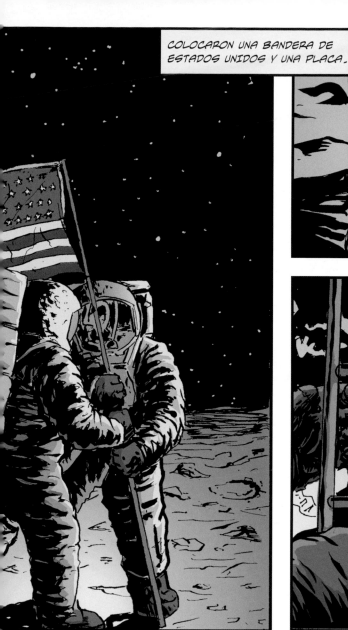

¡INCLUSO EL PRESIDENTE RICHARD NIXON LOS LLAMÓ POR TELÉFONO! ¡ESA SÍ FUE UNA LARGA DISTANCIA!

LAS HUELLAS DE LOS ASTRONAUTAS TODAVÍA ESTÁN AHÍ PORQUE EN LA LUNA NO HAY VIENTO NI LLUVIA.

ERA HORA DE REGRESAR A LA TIERRA. EL CONTROL DE MISIÓN EN LA TIERRA ESTABA NERVIOSO. NUNCA SE HABÍA LANZADO UN COHETE DE OTRA PARTE QUE NO FUERA LA TIERRA.

TODOS SINTIERON UN ALIVIO CUANDO EL COHETE DESPEGÓ.

LUEGO, LA PARTE SUPERIOR DEL MÓDULO LUNAR SE SEPARÓ DE LA INFERIOR Y PUSO A LOS ASTRONAUTAS DE NUEVO EN ÓRBITA ALREDEDOR DE LA LUNA. ¡ÉXITO!

UNA VEZ EN ÓRBITA, EL ÁGUILA SE
UNIÓ AL MÓDULO DE COMANDO.
ARMSTRONG Y ALDRIN SE REUNIERON
CON COLLINS.

EL ÁGUILA FUE LIBERADA AL ESPACIO PARA
FLOTAR PARA SIEMPRE. HABÍA HECHO SU
TRABAJO. EL MÓDULO DE COMANDO AHORA TENÍA
UNA TAREA NUEVA: ¡SALIR DE LA ÓRBITA LUNAR Y
EMPEZAR EL VIAJE DE REGRESO A LA TIERRA!

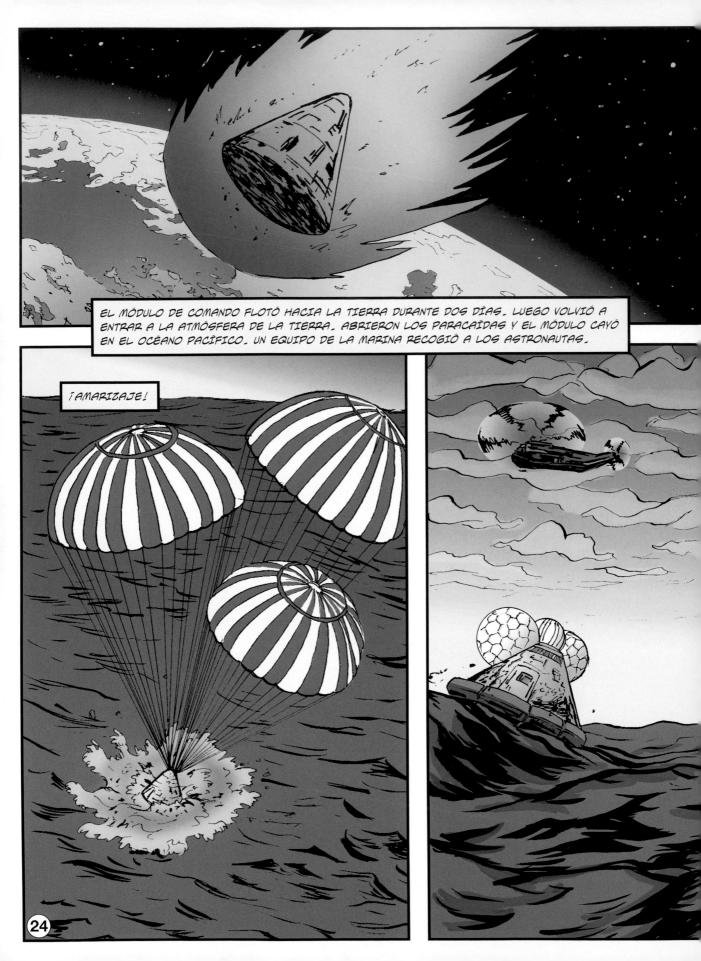

EL MÓDULO DE COMANDO FLOTÓ HACIA LA TIERRA DURANTE DOS DÍAS. LUEGO VOLVIÓ A ENTRAR A LA ATMÓSFERA DE LA TIERRA. ABRIERON LOS PARACAÍDAS Y EL MÓDULO CAYÓ EN EL OCÉANO PACÍFICO. UN EQUIPO DE LA MARINA RECOGIÓ A LOS ASTRONAUTAS.

¡AMARIZAJE!

NADIE SABÍA SI LOS ASTRONAUTAS HABÍAN REGRESADO CON ALGUNA ENFERMEDAD, ASÍ QUE LOS TRES TUVIERON QUE MANTENERSE ALEJADOS DE LAS PERSONAS.

HORNET 13

EL PRESIDENTE NIXON VISITÓ A LOS ASTRONAUTAS DURANTE SU ESTANCIA EN UN REMOLQUE SELLADO.

CUANDO SALIERON DEL REMOLQUE, LOS ASTRONAUTAS FUERON TRATADOS COMO SUPERHÉROES. ¡EL MUNDO ENTERO HABLABA DEL APOLO 11 Y SU VALIENTE TRIPULACIÓN!

EL PROGRAMA ESPACIAL DE ESTADOS UNIDOS ENVIÓ CINCO MISIONES APOLO MÁS A LA LUNA DESPUÉS DEL APOLO 11. LOS ASTRONAUTAS RECOLECTARON PIEDRAS LUNARES Y METEORITOS. ENCONTRARON MINERALES EN ESTAS PIEDRAS QUE NO EXISTÍAN EN LA TIERRA. ¡UNO DE ESOS MINERALES SE NOMBRÓ EN HONOR DE LOS TRES ASTRONAUTAS DEL APOLO 11! ESTAS MISIONES AYUDARON A LOS CIENTÍFICOS A SABER MÁS SOBRE EL UNIVERSO Y LOS PLANETAS, INCLUSO LA TIERRA.

A LO LARGO DE LOS AÑOS, EL PROGRAMA ESPACIAL DE ESTADOS UNIDOS MEJORÓ MUCHO SU EQUIPO. MISIONES APOLO POSTERIORES USARON ROVERS LUNARES, UNOS AUTOS PARA LLEVARLOS POR LA LUNA.

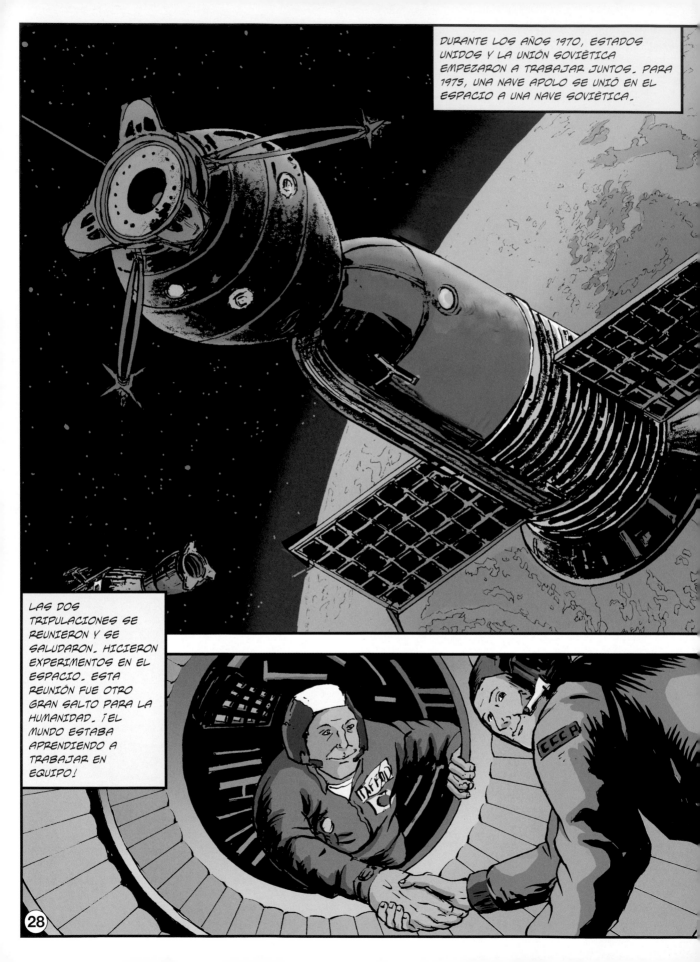

DURANTE LOS AÑOS 1970, ESTADOS UNIDOS Y LA UNIÓN SOVIÉTICA EMPEZARON A TRABAJAR JUNTOS. PARA 1975, UNA NAVE APOLO SE UNIÓ EN EL ESPACIO A UNA NAVE SOVIÉTICA.

LAS DOS TRIPULACIONES SE REUNIERON Y SE SALUDARON. HICIERON EXPERIMENTOS EN EL ESPACIO. ESTA REUNIÓN FUE OTRO GRAN SALTO PARA LA HUMANIDAD. ¡EL MUNDO ESTABA APRENDIENDO A TRABAJAR EN EQUIPO!

A EXPLORACIÓN ESPACIAL CONTINUÓ A VELOCIDAD DE HETE! DURANTE LOS 1970, EL PROGRAMA ESPACIAL DE TADOS UNIDOS TENÍA TRIPULACIONES ESTUDIANDO EL PACIO DESDE UNA ESTACIÓN ESPACIAL LLAMADA YLAB. LAS TRIPULACIONES VIVÍAN EN LA ESTACIÓN EN BITA DURANTE MESES A LA VEZ.

EN LOS AÑOS 1980, EL PROGRAMA DE ESTADOS UNIDOS EMPEZÓ A UTILIZAR LOS TRANSBORDADORES ESPACIALES PARA VIAJAR AL ESPACIO. LOS TRANSBORDADORES PUEDEN LLEVAR MÁS ASTRONAUTAS, Y TIENEN MEJOR EQUIPO.

EN 1998, MUCHOS PAÍSES EMPEZARON A TRABAJAR EN LA ESTACIÓN ESPACIAL INTERNACIONAL, UN ENORME LABORATORIO Y LUGAR PARA VIVIR. ASÍ, LOS ASTRONAUTAS PUEDEN ESTUDIAR FORMAS PARA MEJORAR LA VIDA EN LA TIERRA.

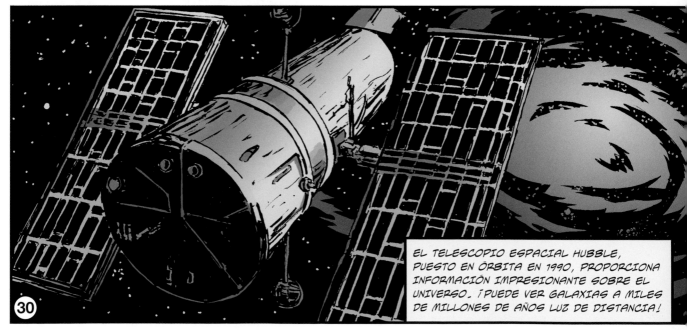

EL TELESCOPIO ESPACIAL HUBBLE, PUESTO EN ÓRBITA EN 1990, PROPORCIONA INFORMACIÓN IMPRESIONANTE SOBRE EL UNIVERSO. ¡PUEDE VER GALAXIAS A MILES DE MILLONES DE AÑOS LUZ DE DISTANCIA!

EL PROGRAMA ESPACIAL HA AYUDADO A LA GENTE DE MUCHAS FORMAS. HA LLEVADO A CREAR MEDICINAS NUEVAS, MEJORAR PRODUCTOS, Y FORMAS NUEVAS PARA OBTENER ENERGÍA. HA UNIDO A PERSONAS DE PAÍSES DIFERENTES. LA EXPLORACIÓN ESPACIAL NOS AYUDA A ENTENDER CÓMO EMPEZARON NUESTRO UNIVERSO Y NUESTRO PLANETA.

NUESTRO VIAJE AL ESPACIO APENAS EMPIEZA. GRACIAS A LOS VALIENTES HOMBRES DEL APOLO 11, Y LOS ASTRONAUTAS QUE LOS SIGUIERON, ¡PODEMOS DE VERDAD TRATAR DE ALCANZAR LAS ESTRELLAS!

PARA APRENDER MÁS

The Everything Kids Space Book: All About Rockets, Moon Landing, Mars, and More Plus Space Activities You Can Do at Home! Kathiann M. Kowalski (Adams Media Corporation)

The First Moon Landing. Landmark Events in Amcrican History (series). Dale Anderson (World Almanac Library)

The Man Who Went to the Far Side of the Moon: The Story of Apollo 11 Astronaut Michael Collins. Bea Uusma Schyffert (Chronicle Books)

The Moon. Watts Library: Space (series). Margaret W. Carruthers (Franklin Watts)

Space Shuttle: The First 20 Years — The Astronauts' Experiences in Their Own Words. James A. Lovell (DK Publishing)

SITIOS WEB

Apollo 11
nssdc.gsfc.nasa.gov/planetary/lunar/apollo_11_30th.html

Moon Facts
news.nationalgeographic.com/news/2004/07/0714_040714_moonfacts.html

NASA Kids
kids.msfc.nasa.gov

Neil Armstrong Air & Space Museum
www.artcom.com/Museums/vs/mr/45895.htm

Por favor visite nuestro sitio web en: www.garethstevens.com
Para recibir un catálogo gratuito en color, en el que se describe la lista de libros y programas multimedia de alta calidad de la World Almanac® Library, llame al 1-800-848-2928 (EE.UU.) o al 1-800-387-3178 (Canadá). Fax de World Almanac® Library: (414) 332-3567.

Library of Congress Cataloging-in-Publication Data available upon request from publisher. Fax (414) 336-0157 for the attention of the Publishing Record's Department.

ISBN-13: 978-0-8368-7897-4 (lib. bdg.)
ISBN-13: 978-0-8368-7904-9 (softcover)

Spanish Edition produced by A+ Media, Inc.
Editorial Director: Julio Abreu
Editor: Adriana Rosado-Bonewitz
Translators & Associate Editors: Luis Albores, Bernardo Rivera, Carolyn Schildgen
Graphic Design: Faith Weeks, Phillip Gill

First published in 2007 by
World Almanac® Library
A Member of the WRC Media Family of Companies
330 West Olive Street, Suite 100
Milwaukee, WI 53212 USA

Copyright © 2007 by World Almanac® Library.

Produced by Design Press, a division of the Savannah College of Art and Design
Design: Janice Shay and Maria Angela Rojas
Editing: Kerri O'Hern and Elizabeth Hudson-Goff
Illustration: Layouts by Guus Floor, pencils and inks by Alex Campbell, color by Anthony Spay
World Almanac® Library editorial direction: Mark Sachner and Valerie J. Weber
World Almanac® Library art direction: Tammy West

Printed in Canada

1 2 3 4 5 6 7 8 9 10 10 09 08 07 06